Zu diesem Heft wird das miniLÜK®-Kontrollgerät benötigt.

So wird es gemacht:

AF630726

Öffne das miniLÜK®-Kontrollgerät und lege die Plättchen in den unbedruckten Deckel. Jetzt kannst du auf den Plättchen und auf dem Geräteboden die Zahlen 1 bis 12 sehen.

Beispiel: Seite 2 „Zusammenzählen“

Hier siehst du 12 Rechenaufgaben. Vor jeder Aufgabe steht eine Zahl von 1 bis 12. Diese **roten Zahlen** entsprechen den **Zahlen auf den Plättchen.**

Nimm das Plättchen 1 und sieh dir die erste Aufgabe im Heft an: 24 + 43 = ...!

Rechne nun die Aufgabe!
Das Ergebnis ist 67. Rechts neben den Aufgaben ist die Lösungsspalte. Suche im linken Teil der Lösungsspalte die Zahl 67! Neben 67 siehst du die Zahl 1.

Lege deshalb das Plättchen 1 auf das Feld 1 des Gerätebodens und zwar mit der Zahl nach oben.

So arbeitest du weiter, bis alle 12 Plättchen im Geräteboden liegen. Wenn du fertig bist, schließe das Gerät und drehe es um!

Öffne es von der Rückseite. Wenn du das unter den Lösungen abgebildete Muster siehst, hast du alle Aufgaben richtig gelöst.

Passen einige Plättchen nicht in das Muster, dann hast du dort Fehler gemacht. Drehe diese Plättchen da, wo sie liegen, um, schließe das Gerät, drehe es um und öffne es wieder.

Jetzt kannst du sehen, welche Aufgaben du falsch gelöst hast. Nimm diese Plättchen heraus und suche die richtigen Ergebnisse. Kontrolliere dann noch einmal.

Stimmt jetzt das Muster?

Das System ist für alle Übungen gleich: Die roten Aufgabennummern im Heft entsprechen immer den miniLÜK-Plättchen aus dem Kontrollgerät. Die Zahlen hinter den Lösungen sagen dir, auf welche Felder des Kontrollgerätes du die Plättchen legen musst.

Und nun viel Spaß!

Zusammenzählen

Nr.	Aufgabe	Zahl	Feld
1	24 + 43 =	38	10
2	38 + 51 =	47	3
3	16 + 32 =	48	6
4	43 + 34 =	58	2
5	52 + 45 =	59	4
6	21 + 17 =	66	5
7	33 + 25 =	67	1
8	15 + 32 =	77	8
9	22 + 56 =	78	11
10	33 + 62 =	89	9
11	14 + 52 =	95	7
12	23 + 36 =	97	12

Nr.	Aufgabe	Zahl	Feld
1	35 + 53 =	22	2
2	24 + 42 =	33	1
3	18 + 81=	44	9
4	43 + 34 =	55	5
5	13 + 31 =	66	8
6	12 + 21 =	69	10
7	41 + 14 =	77	11
8	11 + 11 =	78	12
9	35 + 63 =	86	7
10	42 + 36 =	88	6
11	23 + 46 =	98	4
12	54 + 32 =	99	3

Nr.	Aufgabe	Ergebnis	Code
1	34 + 53 =	47	4
2	23 + 46 =	49	9
3	12 + 35 =	67	11
4	51 + 42 =	68	3
5	32 + 46 =	69	12
6	43 + 24 =	77	5
7	13 + 76 =	78	10
8	21 + 58 =	79	6
9	45 + 23 =	87	8
10	52 + 36 =	88	2
11	14 + 35 =	89	1
12	23 + 54 =	93	7

Nr.	Aufgabe	Ergebnis	Code
1	28 + 61 =	58	5
2	37 + 22 =	59	7
3	46 + 53 =	76	8
4	55 + 32 =	77	3
5	64 + 21 =	78	1
6	73 + 24 =	79	11
7	82 + 13 =	85	6
8	13 + 65 =	87	10
9	24 + 34 =	89	9
10	35 + 42 =	95	4
11	46 + 33 =	97	2
12	25 + 51 =	99	12

Wer rechnet am schnellsten?

	Aufgabe		
1	29 – 4 =	12	3
2	39 – 7 =	13	7
3	18 – 6 =	14	6
4	38 – 4 =	15	2
5	26 – 3 =	23	9
6	18 – 5 =	24	1
7	37 – 4 =	25	12
8	19 – 4 =	26	4
9	28 – 2 =	31	10
10	16 – 2 =	32	8
11	39 – 8 =	33	5
12	27 – 3 =	34	11

	Aufgabe		
1	48 – 5 =	41	12
2	69 – 3 =	42	10
3	57 – 2 =	43	7
4	68 – 4 =	44	2
5	59 – 5 =	52	1
6	47 – 6 =	53	4
7	46 – 2 =	54	3
8	69 – 6 =	55	9
9	47 – 5 =	63	5
10	59 – 7 =	64	8
11	55 – 2 =	65	6
12	68 – 3 =	66	11

	Aufgabe		
1	52 – 5 =	37	2
2	54 – 5 =	38	4
3	51 – 5 =	39	12
4	53 – 5 =	46	6
5	43 – 4 =	47	9
6	41 – 4 =	48	10
7	42 – 4 =	49	1
8	72 – 3 =	56	11
9	71 – 3 =	57	8
10	63 – 5 =	58	3
11	61 – 5 =	68	5
12	62 – 5 =	69	7

	Aufgabe		
1	61 – 9 =	33	1
2	62 – 8 =	35	7
3	63 – 7 =	38	6
4	64 – 6 =	52	3
5	61 – 4 =	53	12
6	62 – 9 =	54	5
7	68 – 9 =	55	11
8	62 – 7 =	56	2
9	43 – 8 =	57	8
10	72 – 6 =	58	4
11	42 – 9 =	59	10
12	46 – 8 =	66	9

1	99 – 6 =	73	10
2	87 – 5 =	74	12
3	98 – 7 =	75	1
4	88 – 3 =	76	8
5	97 – 3 =	82	2
6	76 – 1 =	83	6
7	78 – 5 =	84	9
8	79 – 3 =	85	4
9	87 – 4 =	91	5
10	89 – 5 =	92	7
11	77 – 3 =	93	3
12	98 – 6 =	94	11

1	59 – 2 =	11	1
2	38 – 3 =	16	8
3	76 – 4 =	17	6
4	58 – 7 =	35	12
5	19 – 8 =	36	4
6	79 – 6 =	37	3
7	37 – 1 =	51	10
8	19 – 2 =	56	2
9	59 – 3 =	57	9
10	39 – 2 =	71	11
11	19 – 3 =	72	7
12	77 – 6 =	73	5

Weißt du das?

1	Das Doppelte von 5 =		0	8
2	Das Doppelte von 20 =		2	12
3	Das Doppelte von 3 =		4	11
4	Das Doppelte von 40 =		6	4
5	Das Doppelte von 6 =		8	7
6	Das Doppelte von 50 =		10	2
7	Das Doppelte von 4 =		12	10
8	Das Doppelte von 1 =		20	9
9	Das Doppelte von 30 =		40	6
10	Das Doppelte von 0 =		60	3
11	Das Doppelte von 10 =		80	1
12	Das Doppelte von 2 =		100	5

1	Die Hälfte von 80 =		1	2
2	Die Hälfte von 20 =		2	1
3	Die Hälfte von 100 =		3	11
4	Die Hälfte von 6 =		4	5
5	Die Hälfte von 10 =		5	4
6	Die Hälfte von 60 =		6	6
7	Die Hälfte von 8 =		8	3
8	Die Hälfte von 2 =		10	8
9	Die Hälfte von 40 =		20	9
10	Die Hälfte von 12 =		30	7
11	Die Hälfte von 16 =		40	12
12	Die Hälfte von 4 =		50	10

Achtung! Kettenaufgaben

1. 30 + 60 − 50 + 10 + 20 =
2. 80 − 30 + 40 − 20 − 20 =
3. 40 + 50 − 10 + 20 − 60 =
4. 70 − 30 + 10 + 20 − 60 =
5. 10 + 60 − 40 + 70 − 80 =
6. 90 − 70 + 10 − 30 + 90 =
7. 30 + 40 + 20 − 50 + 20 =
8. 60 − 30 + 50 − 20 + 40 =
9. 20 + 50 − 10 + 30 − 10 =
10. 50 − 40 + 70 − 60 + 10 =
11. 10 + 60 − 30 + 20 − 60 =
12. 80 − 50 + 60 + 10 + 100 =

Ergebnis	
0	12
10	3
20	5
30	10
40	11
50	8
60	9
70	4
80	6
90	1
100	2
200	7

1. 100 - 70 + 20 - 40 + 60 =
2. 30 + 50 − 40 + 20 − 10 =
3. 60 + 40 − 80 + 50 − 30 =
4. 80 − 50 + 60 − 70 − 10 =
5. 70 − 40 + 50 − 20 − 40 =
6. 20 + 70 − 30 + 20 + 10 =
7. 90 − 40 + 20 − 60 + 50 =
8. 40 + 60 − 70 + 30 + 40 =
9. 50 − 30 + 40 − 20 + 40 =
10. 10 + 60 + 30 − 40 − 30 =
11. 90 − 50 + 60 − 30 − 70 =
12. 20 + 40 − 10 + 50 + 100 =

Ergebnis	
0	12
10	1
20	11
30	8
40	5
50	4
60	7
70	2
80	6
90	3
100	10
200	9

Wir nehmen Zehner und Einer weg

	Aufgabe	Ergebnis	
1	70 – 34 =	31	6
2	70 – 32 =	32	3
3	70 – 36 =	33	9
4	80 – 35 =	34	4
5	80 – 37 =	35	7
6	90 – 59 =	36	1
7	60 – 16 =	37	12
8	80 – 41 =	38	5
9	90 – 58 =	39	11
10	50 – 15 =	43	10
11	60 – 27 =	44	8
12	70 – 33 =	45	2

	Aufgabe	Ergebnis	
1	90 – 66 =	21	12
2	50 – 22 =	22	1
3	70 – 44 =	23	6
4	80 – 55 =	24	10
5	60 – 33 =	25	9
6	50 – 11 =	26	11
7	90 – 47 =	27	5
8	70 – 29 =	28	8
9	60 – 39 =	39	7
10	90 – 48 =	41	2
11	70 – 47 =	42	4
12	90 – 68 =	43	3

	Aufgabe	Ergebnis	
1	80 – 61 =	11	7
2	70 – 55 =	12	1
3	60 – 21 =	13	10
4	50 – 34 =	14	12
5	40 – 22 =	15	5
6	90 – 76 =	16	3
7	80 – 51 =	17	6
8	90 – 41 =	18	8
9	70 – 59 =	19	4
10	60 – 47 =	29	9
11	50 – 38 =	39	2
12	40 – 23 =	49	11

	Aufgabe	Ergebnis	
1	90 – 41 =	46	11
2	80 – 21 =	47	6
3	90 – 21 =	48	10
4	90 – 22 =	49	12
5	90 – 32 =	56	2
6	90 – 42 =	57	4
7	80 – 34 =	58	1
8	90 – 23 =	59	9
9	80 – 24 =	66	8
10	70 – 23 =	67	3
11	80 – 14 =	68	5
12	70 – 13 =	69	7

Es geht über den Zehner

Nr.	Aufgabe		Zahl	Feld
1	68 + 5 =		61	10
2	69 + 9 =		62	4
3	67 + 8 =		63	2
4	69 + 2 =		64	1
5	66 + 6 =		65	5
6	67 + 7 =		66	6
7	55 + 9 =		71	7
8	58 + 8 =		72	3
9	54 + 7 =		73	8
10	57 + 6 =		74	11
11	58 + 4 =		75	9
12	58 + 7 =		78	12

Nr.	Aufgabe		Zahl	Feld
1	79 + 7 =		82	1
2	78 + 6 =		83	5
3	79 + 8 =		84	8
4	76 + 9 =		85	4
5	78 + 5 =		86	3
6	76 + 6 =		87	11
7	89 + 9 =		93	7
8	88 + 8 =		94	6
9	87 + 7 =		95	12
10	89 + 8 =		96	2
11	89 + 6 =		97	9
12	88 + 5 =		98	10

Zieh die Zehner ab!

Nr.	Aufgabe		Zahl	Feld
1	95 – 40 =		12	9
2	85 – 60 =		15	11
3	95 – 20 =		22	8
4	82 – 40 =		25	5
5	72 – 50 =		32	12
6	62 – 30 =		35	1
7	95 – 10 =		42	4
8	85 – 70 =		45	7
9	75 – 30 =		55	3
10	92 – 80 =		65	6
11	85 – 50 =		75	2
12	95 – 30 =		85	10

Nr.	Aufgabe		Zahl	Feld
1	83 – 60 =		12	5
2	73 – 20 =		13	3
3	93 – 10 =		21	7
4	63 – 30 =		22	1
5	93 – 30 =		23	11
6	83 – 70 =		24	9
7	93 – 50 =		33	12
8	83 – 10 =		43	6
9	81 – 60 =		53	4
10	72 – 60 =		63	2
11	92 – 70 =		73	10
12	54 – 30 =		83	8

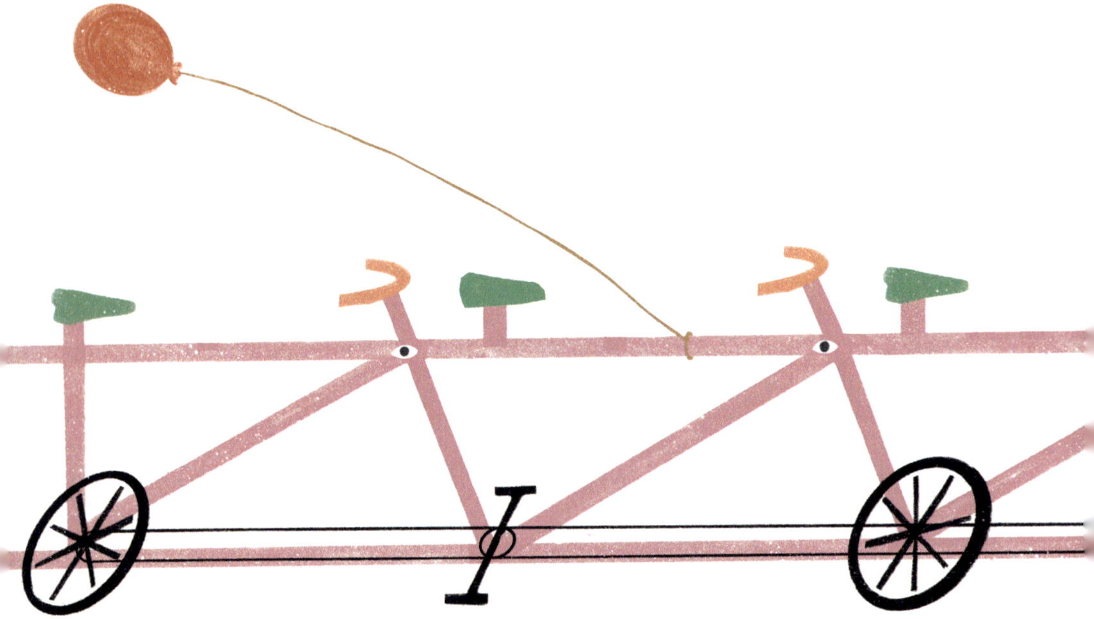

Nr.	Aufgabe	Ergebnis	Feld
1	85 – 30 =	11	6
2	95 – 50 =	22	3
3	77 – 10 =	33	9
4	97 – 20 =	44	1
5	98 – 10 =	45	4
6	72 – 50 =	55	8
7	74 – 30 =	56	2
8	86 – 20 =	66	10
9	98 – 20 =	67	11
10	86 – 30 =	77	7
11	91 – 80 =	78	12
12	73 – 40 =	88	5

Nr.	Aufgabe	Ergebnis	Feld
1	97 – 50 =	17	6
2	87 – 20 =	18	10
3	88 – 30 =	27	8
4	78 – 30 =	28	4
5	67 – 10 =	37	1
6	88 – 20 =	38	11
7	97 – 80 =	47	5
8	87 – 50 =	48	12
9	68 – 40 =	57	9
10	98 – 60 =	58	3
11	88 – 70 =	67	7
12	77 – 50 =	68	2

Kannst du das?

1	61 – 9 – 9 – 9 = ☐	3	9
2	65 – 9 – 9 – 9 = ☐	4	2
3	61 – 9 – 6 – 9 = ☐	5	11
4	63 – 8 – 8 – 8 = ☐	6	8
5	61 – 8 – 8 – 9 = ☐	7	1
6	51 – 9 – ☐ = 36	8	5
7	62 – 4 – ☐ = 49	9	10
8	41 – 7 – ☐ = 27	34	3
9	83 – 9 – ☐ = 69	36	6
10	71 – 9 – ☐ = 59	37	12
11	92 – 7 – ☐ = 77	38	7
12	42 – 9 – ☐ = 29	39	4

1	63 – 7 = ☐	2	7
2	63 – 9 = ☐	3	11
3	63 – 6 = ☐	4	8
4	63 – 8 = ☐	5	10
5	41 – ☐ = 36	6	3
6	23 – ☐ = 14	7	12
7	75 – ☐ = 68	8	9
8	91 – ☐ = 89	9	2
9	83 – ☐ = 77	54	1
10	62 – ☐ = 59	55	6
11	54 – ☐ = 46	56	5
12	73 – ☐ = 69	57	4

Zusammenzählen und Abziehen

Nr.	Aufgabe	Ergebnis	Zahl
1	29 + 8 =	34	11
2	54 − 8 =	35	9
3	37 + 6 =	36	8
4	44 − 6 =	37	6
5	34 + 7 =	38	5
6	52 − 7 =	39	12
7	25 + 9 =	41	7
8	53 − 9 =	42	2
9	38 + 4 =	43	1
10	43 − 4 =	44	10
11	28 + 8 =	45	3
12	43 − 8 =	46	4

Nr.	Aufgabe	Ergebnis	Zahl
1	56 + 5 =	51	7
2	68 + 5 =	52	10
3	58 + 4 =	53	4
4	58 + 5 =	54	9
5	49 + 5 =	61	2
6	69 + 3 =	62	3
7	48 + 3 =	63	1
8	69 + 5 =	64	8
9	49 + 4 =	71	11
10	59 + 5 =	72	5
11	47 + 5 =	73	6
12	67 + 4 =	74	12

Nr.	Aufgabe	Ergebnis	Zahl
1	52 + 9 =	26	8
2	54 − 9 =	35	7
3	65 + 6 =	42	11
4	65 − 6 =	45	2
5	72 + 9 =	48	12
6	72 − 9 =	51	9
7	34 + 8 =	59	5
8	34 − 8 =	61	6
9	55 + 7 =	62	3
10	55 − 7 =	63	1
11	43 + 8 =	71	4
12	43 − 8 =	81	10

Nr.	Aufgabe	Ergebnis	Zahl
1	35 + 9 =	35	5
2	38 + 9 =	38	11
3	39 + 6 =	41	8
4	39 + 9 =	42	1
5	36 + 7 =	43	6
6	37 + 4 =	44	10
7	38 + 8 =	45	12
8	37 + 5 =	46	3
9	29 + 9 =	47	7
10	46 + 8 =	48	9
11	28 + 7 =	51	2
12	44 + 7 =	54	4

Abziehen

Nr.	Aufgabe	Ergebnis	Code
1	98 – 45 =	12	5
2	89 – 54 =	16	8
3	77 – 26 =	22	3
4	68 – 46 =	24	11
5	56 – 24 =	31	12
6	49 – 37 =	32	7
7	94 – 23 =	35	6
8	95 – 64 =	44	2
9	96 – 52 =	51	1
10	97 – 43 =	53	4
11	98 – 82 =	54	10
12	99 – 75 =	71	9

Nr.	Aufgabe	Ergebnis	Code
1	89 – 53 =	11	11
2	88 – 25 =	12	8
3	87 – 42 =	22	5
4	86 – 64 =	23	9
5	85 – 31 =	36	12
6	84 – 13 =	37	2
7	83 – 72 =	41	6
8	68 – 45 =	45	7
9	79 – 42 =	53	10
10	58 – 17 =	54	1
11	65 – 53 =	63	3
12	78 – 25 =	71	4

Nr.	Aufgabe	Ergebnis	Code
1	75 – 12 =	25	3
2	68 – 35 =	26	10
3	86 – 52 =	31	5
4	98 – 27 =	33	9
5	96 – 45 =	34	6
6	88 – 62 =	41	7
7	76 – 23 =	51	12
8	69 – 44 =	52	4
9	58 – 27 =	53	8
10	59 – 18 =	61	11
11	84 – 23 =	63	1
12	95 – 43 =	71	2

1	99 – 53 =	14	8
2	69 – 37 =	16	4
3	89 – 31 =	23	2
4	79 – 15 =	26	12
5	98 – 23 =	32	1
6	78 – 64 =	42	5
7	68 – 42 =	46	11
8	88 – 34 =	54	7
9	97 – 24 =	58	9
10	77 – 35 =	64	6
11	67 – 51 =	73	10
12	87 – 64 =	75	3

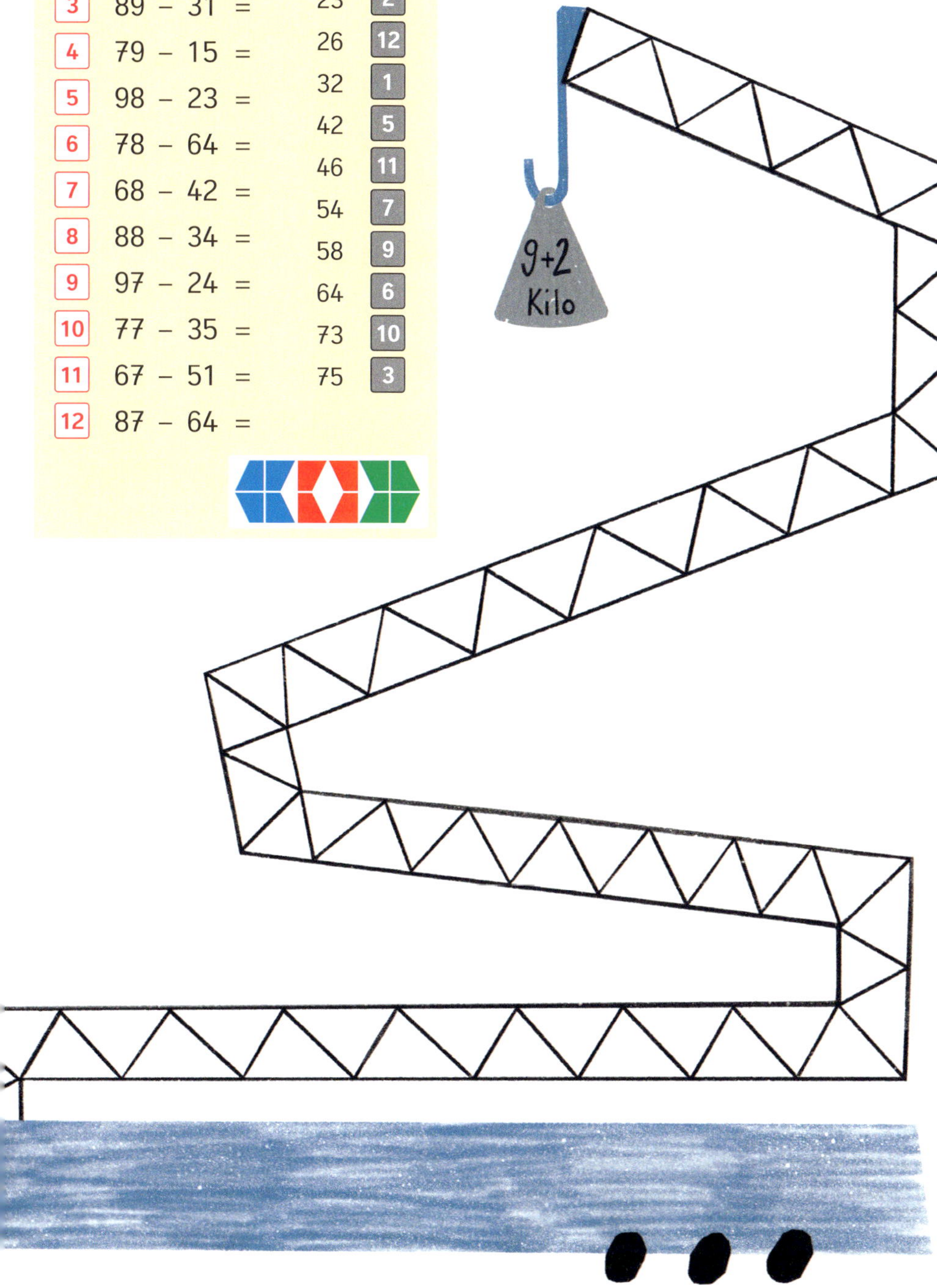

Wie viel bleibt übrig?

Nr.	Aufgabe	Ergebnis	Code
1	63 – 8 – 7 =	46	10
2	71 – 9 – 6 =	47	11
3	65 – 7 – 9 =	48	12
4	72 – 5 – 8 =	49	7
5	81 – 3 – 9 =	54	9
6	82 – 6 – 8 =	55	8
7	61 – 7 – 7 =	56	4
8	62 – 7 – 9 =	57	6
9	73 – 6 – 9 =	58	2
10	74 – 9 – 8 =	59	5
11	72 – 8 – 9 =	68	3
12	72 – 9 – 9 =	69	1

Nr.	Aufgabe	Ergebnis	Code
1	63 – 9 – 9 – 9 =	24	6
2	62 – 8 – 8 – 8 =	25	5
3	61 – 9 – 9 – 9 =	26	11
4	53 – 8 – 8 – 8 =	27	3
5	51 – 9 – 9 – 9 =	28	9
6	52 – 8 – 8 – 8 =	29	8
7	62 – 9 – 9 – 9 =	34	12
8	63 – 8 – 8 – 8 =	35	2
9	53 – 9 – 9 – 9 =	36	7
10	61 – 8 – 8 – 8 =	37	1
11	52 – 9 – 9 – 9 =	38	10
12	51 – 8 – 8 – 8 =	39	4

Kettenaufgaben

1	42 + 2 + 2 + 2 + 2 + 2 + 2 =	49	1
2	42 + 3 + 3 + 2 + 3 + 3 + 3 =	50	11
3	42 + 4 + 4 + 4 + 4 + 2 + 4 =	52	10
4	42 + 2 + 3 + 3 + 2 + 3 + 3 =	54	7
5	42 + 2 + 4 + 2 + 4 + 2 + 4 =	55	9
6	42 + 1 + 2 + 3 + 2 + 4 + 3 =	56	2
7	42 + 4 + 3 + 1 + 2 + 3 + 1 =	57	4
8	41 + 4 + 4 + 1 + 2 + 2 + 1 =	58	8
9	33 + 2 + 1 + 4 + 4 + 4 + 2 =	59	3
10	35 + 3 + 2 + 3 + 3 + 1 + 2 =	60	6
11	44 + 4 + 2 + 4 + 4 + 2 + 2 =	62	5
12	34 + 4 + 2 + 3 + 4 + 3 + 2 =	64	12

1	53 + 5 + 2 + 6 + 4 + 5 + 3 =	63	3
2	45 + 2 + 3 + 4 + 5 + 1 + 5 =	64	4
3	46 + 4 + 3 + 3 + 2 + 2 + 3 =	65	7
4	48 + 2 + 6 + 4 + 5 + 4 + 1 =	66	9
5	47 + 3 + 3 + 3 + 4 + 3 + 3 =	67	6
6	54 + 5 + 1 + 6 + 4 + 5 + 4 =	69	8
7	49 + 1 + 3 + 4 + 3 + 4 + 3 =	70	12
8	52 + 7 + 1 + 6 + 4 + 5 + 5 =	73	10
9	44 + 4 + 2 + 3 + 5 + 2 + 4 =	76	11
10	55 + 5 + 6 + 4 + 2 + 2 + 2 =	78	5
11	48 + 2 + 3 + 7 + 4 + 6 + 3 =	79	2
12	51 + 4 + 4 + 1 + 2 + 3 + 4 =	80	1

Viele Zahlen

1	68 – 4 – 4 – 4 – 3 – 3 – 3 =	42	4
2	69 – 4 – 3 – 2 – 4 – 3 – 2 =	43	9
3	67 – 5 – 2 – 3 – 2 – 3 – 2 =	44	10
4	66 – 2 – 2 – 2 – 2 – 2 – 2 =	45	6
5	65 – 4 – 1 – 4 – 4 – 2 – 4 =	46	5
6	64 – 4 – 4 – 4 – 2 – 4 – 4 =	47	8
7	63 – 2 – 1 – 3 – 3 – 4 – 1 =	48	12
8	64 – 4 – 3 – 4 – 3 – 4 – 3 =	49	1
9	65 – 1 – 4 – 2 – 4 – 4 – 2 =	50	11
10	66 – 3 – 3 – 1 – 2 – 3 – 2 =	51	3
11	67 – 4 – 3 – 5 – 5 – 3 – 2 =	52	2
12	68 – 5 – 3 – 5 – 5 – 5 – 1 =	54	7

1	53 – 3 – 4 – 6 – 4 – 2 – 4 =	21	1
2	58 – 2 – 4 – 2 – 4 – 2 – 4 =	22	2
3	62 – 2 – 6 – 3 – 1 – 5 – 3 =	23	3
4	68 – 3 – 3 – 2 – 6 – 4 – 6 =	25	5
5	59 – 4 – 5 – 6 – 4 – 3 – 2 =	30	11
6	57 – 3 – 4 – 5 – 5 – 6 – 3 =	31	8
7	56 – 4 – 2 – 3 – 3 – 4 – 7 =	32	9
8	49 – 6 – 3 – 6 – 4 – 6 – 3 =	33	6
9	48 – 2 – 3 – 3 – 2 – 3 – 3 =	35	4
10	50 – 5 – 5 – 7 – 3 – 4 – 1 =	40	7
11	51 – 1 – 7 – 3 – 4 – 6 – 7 =	42	10
12	47 – 5 – 2 – 6 – 4 – 6 – 2 =	44	12

Zurück über den Zehner

Nr.	Aufgabe		
1	45 − 8 =	23	4
2	43 − 8 =	25	7
3	36 − 8 =	26	8
4	34 − 8 =	27	12
5	42 − 8 =	28	9
6	47 − 8 =	33	2
7	41 − 8 =	34	3
8	44 − 8 =	35	11
9	46 − 8 =	36	5
10	33 − 8 =	37	1
11	31 − 8 =	38	10
12	35 − 8 =	39	6

Nr.	Aufgabe		
1	25 − 9 =	13	9
2	48 − 9 =	15	2
3	62 − 9 =	16	12
4	36 − 9 =	22	10
5	38 − 9 =	27	5
6	66 − 9 =	29	1
7	63 − 9 =	34	6
8	22 − 9 =	36	8
9	24 − 9 =	39	3
10	43 − 9 =	53	7
11	45 − 9 =	54	11
12	31 − 9 =	57	4

Lange Aufgaben

Nr.	Aufgabe	Ergebnis	Code
1	69 – 3 – 4 – 2 – 5 – 3 – 1 =	16	9
2	85 – 4 – 1 – 2 – 4 – 4 – 6 =	23	3
3	93 – 3 – 7 – 1 – 2 – 6 – 2 =	24	12
4	78 – 5 – 3 – 3 – 5 – 2 – 8 =	30	2
5	55 – 2 – 3 – 9 – 1 – 8 – 2 =	40	7
6	37 – 3 – 4 – 3 – 2 – 5 – 4 =	42	4
7	49 – 3 – 3 – 3 – 8 – 2 – 6 =	51	11
8	67 – 7 – 2 – 5 – 3 – 7 – 1 =	52	6
9	83 – 3 – 6 – 2 – 2 – 7 – 2 =	53	5
10	76 – 2 – 4 – 8 – 2 – 3 – 4 =	61	1
11	65 – 3 – 2 – 7 – 3 – 9 – 1 =	64	10
12	50 – 7 – 3 – 6 – 1 – 3 – 7 =	72	8

Nr.	Aufgabe	Ergebnis	Code
1	49 – 6 – 3 – 5 – 5 – 4 – 2 =	23	2
2	64 – 2 – 2 – 7 – 3 – 3 – 4 =	24	1
3	85 – 5 – 4 – 2 – 4 – 3 – 5 =	25	11
4	53 – 3 – 6 – 4 – 8 – 2 – 7 =	33	7
5	89 – 4 – 2 – 3 – 2 – 6 – 2 =	41	3
6	68 – 3 – 5 – 2 – 6 – 2 – 9 =	43	4
7	94 – 4 – 6 – 1 – 3 – 4 – 3 =	54	9
8	79 – 5 – 4 – 2 – 5 – 3 – 4 =	56	10
9	88 – 4 – 4 – 2 – 8 – 9 – 1 =	60	5
10	57 – 2 – 5 – 3 – 7 – 1 – 6 =	62	6
11	39 – 2 – 3 – 1 – 3 – 2 – 3 =	70	12
12	76 – 3 – 3 – 4 – 6 – 2 – 4 =	73	8

Nr.	Aufgabe		Ergebnis	Feld
1	36 + 3 − 4 + 5 + 6 − 2 =		63	2
2	15 − 3 + 8 + 40 + 8 − 5 =		40	1
3	100 − 30 − 6 + 2 + 4 − 8 =		50	11
4	15 + 3 − 6 + 2 − 4 − 4 =		10	7
5	100 − 40 + 30 − 10 + 20 − 50 =		93	3
6	53 + 6 + 1 + 8 + 2 − 30 =		16	4
7	88 − 5 + 6 − 7 + 8 + 3 =		6	9
8	12 + 6 − 7 + 9 + 50 + 4 =		44	10
9	39 − 9 + 60 − 70 + 9 − 6 =		62	5
10	45 + 3 − 8 − 20 − 8 + 4 =		23	6
11	68 − 5 + 7 − 6 − 4 − 9 =		51	12
12	55 − 3 + 6 + 2 − 30 − 20 =		74	8

Welche Zahl gehört in das freie Karo?

Nr.	Aufgabe		Zahl	Feld
1	32 + ☐ = 41		2	7
2	56 + ☐ = 61		3	11
3	74 + ☐ = 81		4	3
4	85 + ☐ = 91		5	9
5	69 + ☐ = 71		6	5
6	43 + ☐ = 51		7	1
7	28 + ☐ = 31		8	10
8	17 + ☐ = 21		9	6
9	10 + ☐ = 90		30	12
10	40 + ☐ = 70		50	4
11	20 + ☐ = 90		70	8
12	30 + ☐ = 80		80	2

Nr.	Aufgabe		Zahl	Feld
1	88 + ☐ = 93		2	7
2	65 + ☐ = 73		3	4
3	46 + ☐ = 53		4	1
4	29 + ☐ = 31		5	8
5	73 + ☐ = 82		6	9
6	59 + ☐ = 62		7	11
7	38 + ☐ = 42		8	3
8	17 + ☐ = 23		9	5
9	20 + ☐ = 80		20	10
10	20 + ☐ = 90		40	6
11	20 + ☐ = 60		60	12
12	20 + ☐ = 40		70	2

Nr.	Aufgabe		Lösung	
1	44 + 9 + 9 + 9 = ☐		2	3
2	54 + 9 + 9 + 9 = ☐		3	8
3	48 + 7 + 8 + 9 = ☐		4	11
4	37 + 9 + 8 + 8 = ☐		5	12
5	66 + 9 + ☐ = 83		6	9
6	79 + 6 + ☐ = 92		7	2
7	27 + 9 + ☐ = 41		8	4
8	34 + 8 + ☐ = 51		9	7
9	59 + 9 + ☐ = 74		62	6
10	49 + 9 + ☐ = 62		71	5
11	65 + 4 + ☐ = 71		72	10
12	82 + 7 + ☐ = 92		81	1

Kettenaufgaben

Nr.	Aufgabe	Ergebnis	Code
1	45 + 3 + 2 + 6 + 2 + 2 + 5 =	35	5
2	12 + 4 + 4 + 4 + 6 + 3 + 4 =	37	12
3	53 + 5 + 2 + 6 + 4 + 4 + 5 =	49	1
4	31 + 2 + 7 + 3 + 6 + 1 + 6 =	56	4
5	25 + 5 + 6 + 4 + 2 + 3 + 4 =	60	11
6	41 + 6 + 3 + 3 + 3 + 3 + 1 =	65	3
7	63 + 5 + 2 + 7 + 3 + 2 + 6 =	70	2
8	84 + 4 + 2 + 1 + 4 + 2 + 1 =	76	9
9	73 + 1 + 6 + 6 + 4 + 3 + 4 =	79	7
10	52 + 3 + 1 + 4 + 6 + 4 + 6 =	88	10
11	43 + 6 + 1 + 7 + 3 + 7 + 3 =	97	8
12	14 + 6 + 3 + 6 + 1 + 1 + 4 =	98	6

Nr.	Aufgabe	Ergebnis	Code
1	18 + 2 + 5 + 5 + 3 + 4 + 2 =	36	7
2	41 + 3 + 6 + 2 + 7 + 1 + 6 =	39	11
3	82 + 3 + 1 + 2 + 2 + 3 + 4 =	40	2
4	63 + 7 + 4 + 2 + 4 + 2 + 7 =	43	5
5	13 + 4 + 3 + 6 + 4 + 7 + 3 =	47	10
6	56 + 4 + 6 + 2 + 2 + 3 + 5 =	50	12
7	33 + 5 + 2 + 5 + 1 + 2 + 2 =	64	9
8	24 + 3 + 3 + 4 + 6 + 3 + 4 =	66	4
9	72 + 8 + 4 + 2 + 4 + 4 + 5 =	78	3
10	23 + 2 + 1 + 4 + 1 + 9 + 3 =	89	6
11	17 + 3 + 3 + 1 + 6 + 2 + 4 =	97	8
12	41 + 2 + 7 + 2 + 8 + 1 + 3 =	99	1